LETTRE

D'UN BELGE

A UN DE SES AMIS,

A PARIS.

PARIS,

IMPRIMERIE DE BRASSEUR AINÉ.

1811.

LETTRE

D'UN BELGE A UN DE SES AMIS

A PARIS.

Vous êtes, mon ami, dans cette ville qui n'a pas de rivale, et nommée à si juste titre la capitale du monde; vous pouvez admirer de près ces monumens superbes qui s'élèvent de tous côtés comme par enchantement; vous pouvez contempler à loisir les traits de notre Empereur, de ce héros si cher à la patrie, qui, aussi grand dans la paix que dans la guerre, fait revivre avec tant d'éclat les siècles d'Auguste et de Périclès.

Le Roi de Rome vient de naître : ici comme à Paris la joie publique éclate; l'enthousiasme est au comble. Je vois la France et l'Autriche unies désormais par des liens indissolubles. Tremble, Albion; ton règne est passé; l'olivier de la paix fleurira malgré les exhalaisons de ton souffle impur. Respirez, peuples du continent; le trône est affermi; la Providence donne un successeur à Napoléon; il sera digne de ses hautes destinées; il apprendra de son père l'art difficile de régner, l'art plus difficile encore de rendre les peuples heureux. Dieu des nations, entends mes vœux; que le fils de Marie-Louise soit un autre Charlemagne, un autre Louis XII, un autre Henri IV! Que dis-je! qu'il les surpasse tous; qu'il soit un autre Napoléon ! Les acclamations qui retentissent autour de son berceau se répètent dans tous les lieux; elles partent à la fois du cœur de tous les Français. Hé, ne vous honorez-vous pas de ce nom, vous tous, Belges,

Hollandais, Allemands, Italiens! Dites s'il fut jamais un meilleur ami, un meilleur protecteur, un meilleur père que Napoléon ! Il a confondu tous les intérêts particuliers dans l'intérêt général; il a déjoué toutes les coupables espérances; il a fixé vos destinées.

Belges, mes chers compatriotes, le Prince nouveau-né vous rappelle le brave Charles de Lorraine, qui vous aima tant. Si la faux, l'impitoyable faux du temps a brisé la statue de ce grand homme, elle n'a pas détruit l'amour que vous lui portiez, et cet amour rejaillira sur son descendant, sur l'héritier du plus grand des monarques. Rivages où vont se précipiter les eaux de ces fleuves marchands qui virent longtemps flotter les pavillons de tant de peuples, l'Escaut est libre; Anvers a recouvré son antique splendeur; le décret du 9 octobre dernier anéantit pour jamais toute concurrence avcc l'Angleterre : donnez l'essor à votre industrie; que vos manufactures brillent d'un nouvel éclat ; offrez à l'univers le produit de vos fabriques. Beaux pays de Juliers et d'Aix-la-Chapelle, Crevelt, Liége, Gand, Bruges, Courtray, Tournay, Ostende, Malines, et vous toutes, cités fameuses, voyez le commerce prospérer, vos richesses s'accroître, et ne cessez de faire des vœux pour la stabilité du Gouvernement.

Sous le règne de Charlemagne, alors même que les arts étaient encore dans l'enfance, déjà le commerce avait placé la Hollande au rang des premiers peuples de l'univers. Que n'a pas fait l'Angleterre pour la précipiter de ce rang ! Assaillis de tous côtés par les intrigues perfides de son cabinet, victimes des fautes de leurs différens gouvernemens, les peuples de la Batavie n'ont pu trouver de salut que sous le bouclier du fort : ils sont réunis au grand peuple ; le grand Empereur les a adoptés. La Hollande ne pouvait plus subsister seule comme puissance ; sous les lois de NAPOLÉON elle sera plus grande, plus puissante même qu'elle ne le fut jamais. Il fallait qu'il s'accomplît cet oracle de l'immortel auteur de l'Esprit des Lois :

« Les puissances établies par le com-
« merce peuvent subsister longtemps dans
« leur médiocrité; mais leur grandeur est
« de peu de durée. Elles s'élèvent peu à peu
« et sans que personne s'en aperçoive,
« car elles ne font aucun acte particulier
« qui fasse du bruit et signale leur puis-
« sance; mais lorsque la chose est venue
« au point qu'on ne peut plus s'empêcher
« de les voir, alors chacun cherche à pri-
« ver cette nation des avantages qu'elle
« n'a pour ainsi dire obtenus que par sur-
« prise. »

Braves Hollandais, montrez-vous dignes d'appartenir à la grande nation; faites éclater votre joie; que les couleurs françaises brillent sur vos pavillons, que l'airain retentisse, qu'il annonce à l'Angleterre l'amour que vous portez à son ennemi.

La naissance du Roi de Rome est l'avant-coureur de la chute d'Albion ; l'héritier de Napoléon héritera de sa vengeance contre un gouvernement infâme, dont la politique barbare et la sordide avarice prétendent dicter des lois à l'univers.

Contrées lointaines, arrosées par l'Ems, le Weser et l'Elbe, l'aigle impérial vous couvre aussi de ses ailes ; vous ne serez plus dominées par les Anglais ; rien ne vous forcera plus à échanger vos marchandises contre les leurs ; votre commerce maritime renaîtra par la puissance maritime de la France, par la liberté des mers et par la paix générale.

Villes anséatiques de Hambourg, Bremen et Lubeck, vous êtes appelées à jouir des bienfaits d'une heureuse association que vos besoins, vos intérêts et le repos de l'Europe continentale sollicitaient vivement ; vous êtes toujours de l'ancienne famille. Charlemagne daigna vous visiter ; Hambourg lui doit sa restauration et ses murailles ; il protégea votre commerce : Napoléon le protégera encore davantage. Quelle confiance ne doit pas inspirer un Prince qui a des desseins si vastes, des idées si libérales, une volonté si ferme, des sujets si éclairés et si attachés à la patrie !

Habitans des contrées septentrionales, vous serez les dépositaires, les courtiers des marchandises et des produits du Nord ; vous serez les agens du commerce français ; vous communiquerez avec le Levant : ce projet grand et sublime vous le devez encore au génie de Napoléon. Le grand canal du Nord va donc enchaîner le Rhin à la Baltique ! Tandis que les flottes anglaises seront exposées à tous les dangers des tempêtes, et que la guerre leur fermera l'entrée de nos ports, les marchandises du Nord et du Midi navigueront en sûreté sur ce canal, et les enfans de la grande famille béniront le grand Monarque, qui voulut et qui créa, qui conçut et qui fit exécuter.

Peuples des nouveaux départemens réunis, soyez fiers de votre nouveau sort; vous n'avez plus d'ennemis à craindre : célébrez la naissance du Roi de Rome; vous aurez en lui un second père; vous aurez un nouveau vengeur. Mais que dis-je! on ne parlera plus de vengeance; déjà les rameaux de l'arbre de la paix ombragent le front du fils du Roi des rois; les vertus l'entourent; les Muses lui sourient; au bruit de son nom tous les talens, tous les arts, tous les genres d'industrie se réveillent. Qu'il est flatteur pour un Belge d'être l'organe de l'admiration publique et de l'enthousiasme qu'excitent dans tous les cœurs français les vertus héroïques de Napoléon, les qualités aimables de Marie-Louise, et la naissance du Roi de Rome! Dieu tout-puissant, conserve à la France les doux objets de son amour; ôte de nos années pour ajouter à celles de notre Empereur; que ses enfans héritent de son nom et de sa puissance; qu'il soit longtemps le chef de la nombreuse famille que promet la fécondité de MARIE-LOUISE; que l'auguste rejeton qui vient de naître soit à jamais le gage de la félicité publique, comme il est l'objet de toutes nos espérances !

L. D. C. (de la Lys),

Ancien Sous-Officier des Gendarmes d'Ordonnance.